ich finde was …

Bunte Fahrzeuge

WALTER WICK

ich finde was ...

Bunte Fahrzeuge

KOSMOS

Ich finde was ... Im Spielzeugland

Für Fran Fore (1953 – 2002)

Übersetzt von Silke Arnold, Karina Dick, Janine Oswald und Martina Zierold.
Titel der Originalausgabe: Can you see what I see? Dream Machine

Published by arrangement with Scholastic Inc., 557 Broadway, New York, NY 10012, USA

Ich finde was ... Dinosaurier & Co.

Für Jordan Zwetchkenbaum

Übersetzt von Beatrix Adolphi-Gralke, Achim, Annika und Tobias Gralke.
Titel der Originalausgabe: Can you see what I see? Cool Collection

Published by arrangement with Scholastic Inc., 557 Broadway, New York, NY 10012, USA

Ich finde was ... Besuch aus dem All

Für Noah und Emmett Park

Übersetzt von Charlotte Reimann
Titel der Originalausgabe: Can you see what I see? Out of this World

Published by arrangement with Scholastic Inc., 557 Broadway, New York, NY 10012, USA

Ich finde was ... Der Spielzeugexpress

Für Ethan Helt

Übersetzt von Natalie Friedrich
Titel der Originalausgabe: Can you see what I see? Toyland Express

Published by arrangement with Scholastic Inc., 557 Broadway, New York, NY 10012, USA

Diese Werke wurden vermittelt von der Literarischen Agentur Thomas Schlück GmbH, 30827 Garbsen

Gedruckt auf chlorfrei gebleichtem Papier

ISBN: 978-3-440-17915-4
Redaktion: Julia Hiller
Umschlaggestaltung, Satz und Reproduktion: Sigrid Walter, Würzburg
Produktion: Verena Schmynec
Druck und Bindung: Finidr, s.r.o., Český Těšín
Printed in the Czech Republic / Imprimé en République Tchèque

Inhalt

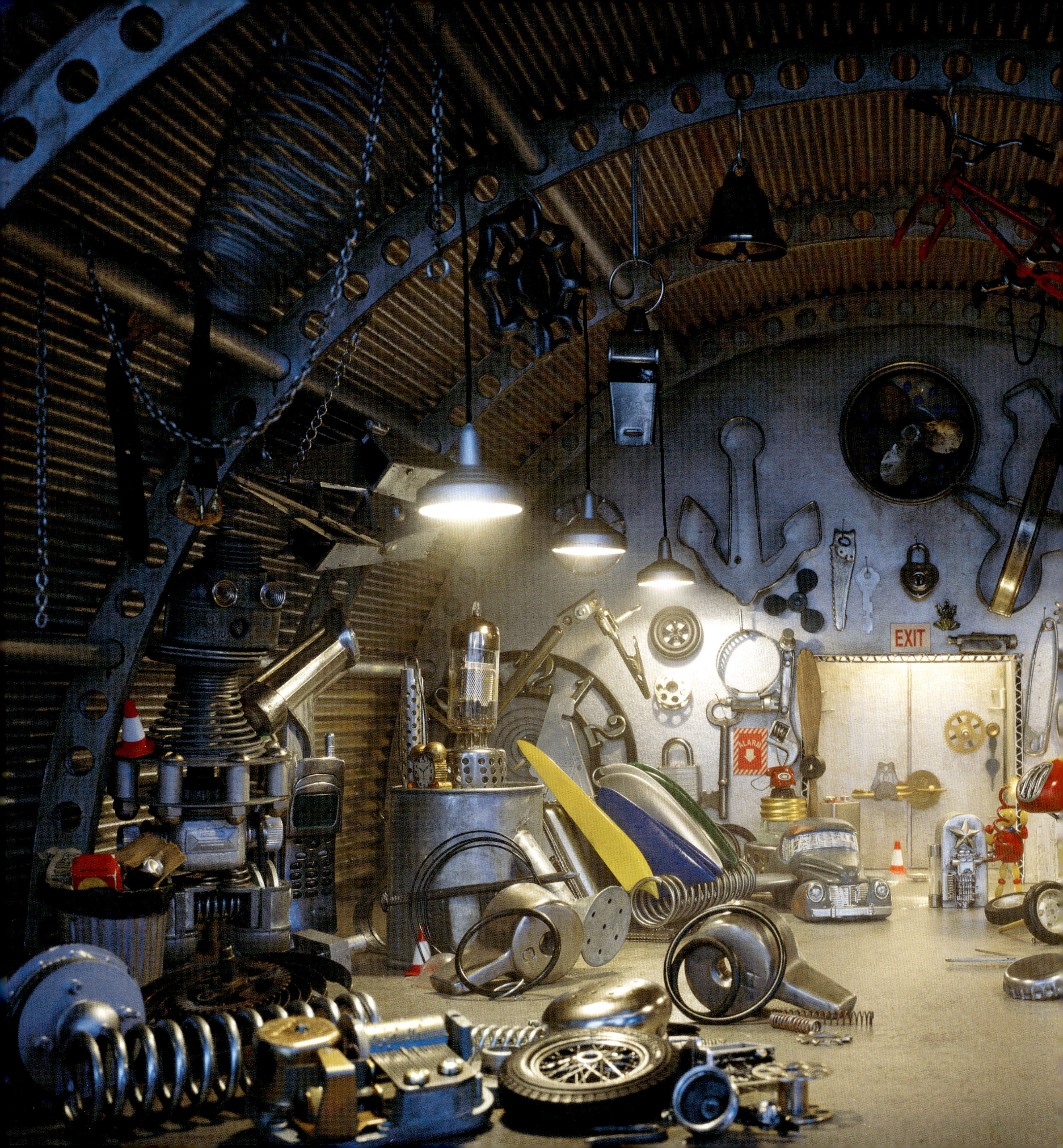
EXIT

Autowerkstatt

Ich finde
eine Schere, eine Zange,
einen Fahrradrahmen,
drei Sicherheitsschlösser,
einen Frosch ohne Namen!

Ein Uhrenrädchen,
ein goldener Wecker,
zwei gelbe Flügel
warten hier auf Entdecker.

Einen Feuerlöscher,
ein rotes Telefon;
ein Gürtel hängt hoch,
siehst du ihn schon?

Ab auf die Straße!

Ich finde
eine Werkstatt und
ein Kätzchen davor,
einen gelben Linienbus,
der fährt durch ein Tor.

Einen Schirm, eine Muschel,
ein Pilot winkt dir zu,
einen Stern und ’nen Hund,
die findest du im Nu!

Einen Frosch, eine Glocke,
eine Mausefalle,
eine Acht, einen Fingerhut,
siehst du sie alle?

SCHMITZ & SÖHNE
CAFE
TRAUMSTADT
TAXI

URLAUB IM ALL
RAKETEN-
PARKHAUS

Über den Dächern

Ich finde
einen Schalter, ein Jo-Jo,
einen gelben Fisch,
drei Kegel, einen Globus,
ist der Fisch auch frisch?

Ein Schloss, einen Ring
mit funkelndem Stein,
einen schwarzen Gorilla,
wo mag der nur sein?

Einen Roboter, drei Helme,
zwei rot, einer blau,
eine gelbe Kugelbahn,
die siehst du genau!

Quer durch die Stadt

Ich finde

einen Ball mit roten Nähten,

eine Kette mit einem C,

einen Riss in einer Glocke

und einen Mann aus Schnee.

Zwei Handschuhe

und einen Kamm,

einen Dominostein mit 'ner 3,

eine Windmühle und ein Fächer

sind auch mit dabei.

Drei Bären, drei Kätzchen,

einen gelben Kinderwagen.

Wo ist der Cowboystiefel,

kannst du mir das sagen?

BAHNHOF
SCHULBUS
TURBO DIESEL
PORSCHE
POLIZEI
DIESEL

Achtung Stau!

Ich finde
ein Flugzeug und eine Fahne,
schwarz-weiß kariert,
einen offenen Kofferraum,
was ist da passiert?

Ein Stop-Schild und ein Motorrad,
einen Rennwagen mit einer 4,
ein Auto zum Verkaufen
und eines mit offener Tür.

Flammen auf der Motorhaube,
drei Enten, davon eine blau.
Eine Kuh lässt sich fahren,
die findest du, das weiß ich genau!

Komm wir spielen!

Ich finde
zwei Dominosteine
und ein Puzzleteil,
einen Löwen mit Krone
und zum Springen ein Seil.

Drei Stifte, eine Ente,
ein R und ein E,
einen Knopf an der Wand,
fünf Schafe machen „mäh“.

Zwei Würfel, versteckt
in den hintersten Ecken,
kannst du auf dem Bild hier
vielleicht auch entdecken!

SAND & KIES
A

EXPRESS
20,- DM

Such dir was aus!

Ich finde
sechs Hunde, vier Flugzeuge
und ein Schaukelpferd.
Sieben Autos, eine Eule,
einen Reifen auf dem Herd.

Zwei Katzen und drei Hasen,
vier Elefanten an der Schnur.
Acht Giraffen, einen Kreisel –
wo ist die Ballerina nur?

Rotkäppchen und den Wolf,
ein Schiff und zehn Elefanten.
Siehst du den Spielzeug-Express,
unseren alten Bekannten?

Auf der Startbahn

Ich finde
einen Trinkhalm,
drei glänzende Wagen,
vier weiß-rote Kegel,
die in den Himmel ragen.

Über einem Globus
und einer Trillerpfeife
zieht das Raumschiff
elegant seine Schleife.

Entdeckst du auch
ein gelbes X auf Asphalt,
die rote Wäscheklammer
und den Dino im Wald?

ZEIT-GLEITER
KEIN ZUTRITT

GEFAHR
KEIN ZUTRITT
ZEIT GLEI

Krach, Bum! Gelandet!

Ich finde
einen Kreisel,
fünf Kegel, drei Sterne,
den Hammer, die Glocke
und die Ziffer 9 in der Ferne.

Für den Finger
einen kleinen silbernen Hut,
eine königliche Krone
und einen Ritter mit Mut.

Einen zuckenden Blitz,
einen Mond ganz flach
und ein Raumschiff,
das landet mit Krach!

Spielzeugwerkstatt

Ich finde
zwei Hasen und ein Krokodil,
auch eine Katze, die sich streckt.
Zwei Fische, einen Pinsel –
wo hat sich nur der Bär versteckt?

Eine Schraube, zwei Flugzeuge,
und ein halb verdecktes Schwein.
Drei Schlüssel, ein Schloss dazu,
einen Springteufel, ganz klein.

Familie Elefant wartet schon,
der Zug will bald starten.
Beladen mit Kran und Fässern,
drei Giraffen müssen warten!

Absätze hoch Stk ... 1,50
flach Stk ... 1,25
Lederpflege pro Paar ... 3,75
Einlagen ... 3,00
Schnürsenkel 120 bis 140 cm 2,50
100 bis 120 cm 2,95
ERMÄSSIGUNG BEI LIEFERUNG
IM DUTZEND

LAGER
LADEN
EXPRESS

Alle einsteigen!

Ich finde
eine Krone und zwei Murmeln,
den Hund unterm Bett versteckt.
Zwei Pferde, einen rosa Knopf,
der rote Elch ist bald entdeckt!

Zwei Bären, einen Schaffner,
vor dem Kohlfeld sitzt ein Hase.
Einen Ritter, einen Fingerhut,
Pinocchio mit der langen Nase.

Einen Waggon voller Kohle,
die Lokomotive kann nun starten.
Kannst du sechs Leute sehen,
die an der Eisenbahn warten?

Komm in die Spielzeugstadt

Ich finde
neun Würfel, einen Apfel
und eine winkende Frau.
Fünf Boote, eine Trillerpfeife,
sieben gelbe Autos sind's genau.

Vier Enten und einen Dackel,
zwei Schachfiguren, den Kapitän.
Vier Eistüten und die Sonne,
zehn rote Autos sind zu sehen.

Zwei Raketen, einen Federball
und am Bahnsteig ein Kind.
Der Spielzeug-Express ist bereit,
gute Fahrt, die Reise beginnt!

EXPRESS
R
E
S
S
STOP
STOP
AUSFAHRT

HERCULES
KIRMES
ATTRAKTION!
AUFREGEND!
UNFASSBAR!

Letzter Halt Zirkus, bitte aussteigen!

Ich finde
zwei Seiltänzerinnen hoch oben,
einen Waggon voller Giraffen.
Vier Bären und ein Riesenrad,
drei Bälle und fünf Affen.

Einen Kegel und sechs Pferde,
vier Clowns mit roter Nase.
Vier Ballons, einen Polizisten,
ein grünes Hemd trägt der Hase.

Zwei Zebras, einen Hund mit Hut,
die Musikkapelle spielt ein Lied.
Der Zirkusdirektor ruft „Herein!“,
ob man auch einen Löwen sieht?

Über Walter Wick

Walter Wick ist der Fotograf der Ich sehe was ...-Bücherreihe, mit einer Gesamtauflage von mehr als 29 Millionen Exemplaren weltweit. Für sein Buch A Drop of Water: A Book of Science and Wonder, für das er sowohl als Fotograf als auch als Autor tätig war, gewann er den Boston Globe/Horn Book Award im Bereich Sachbuch. Die American Library Association bezeichnete es als „ein bemerkenswertes Kinderbuch" und es wurde als Orbis Pictus Honor Book und CBC/NSTA Outstanding Science Trade Book für Kinder ausgewählt. Walter Wick's Optical Tricks, ein Buch über fotografische Illusionen, wurde von der New York Times Book Review als „bestillustriertes Kinderbuch" geehrt, fiel der American Library Association als bemerkenswertes Kinderbuch auf und erhielt zahlreiche Auszeichnungen, unter anderem den Platinum Award von der Oppenheim Toy Portfolio, den Young Readers Award der Scientific American, ein Blaues Band des Bulletin und die Parent's Choice Silver Honor. Ich finde was ... erschien 2003 und stand 22 Wochen lang in der New York Times Bestseller Liste. Herr Wick hat sich für das GAMES Magazin Spiele rund um das Thema Fotografie ausgedacht und fotografiert Cover für Bücher und Zeitschriften wie Newsweek, Discover und Psychology Today. Er absolvierte das Paier College of Art und lebt heute mit seiner Ehefrau Linda in Connecticut.

Spannende Suchbilder

Gezielt suchen, konzentriert schauen und
dabei viele tolle Entdeckungen machen!
Oder einfach den Blick schweifen und die Fantasie spielen lassen.
Ob zu Hause oder unterwegs, langweilig wird es mit
Ich finde was… und *Ich sehe was …* nie!

ISBN 978-3-440-17727-3*

ISBN 978-3-440-16105-0

ISBN 978-3-440-16368-9

ISBN 978-3-440-17465-4

ISBN 978-3-440-16680-2*

40 Seiten | großformatige Suchbilder | €/D ca. 14,– | *€/D ca. 16,–

Preisänderungen vorbehalten